AF226594

LA VIE ET LA MORT

DU

DUC D'ORLÉANS,

PRINCE ROYAL.

Paris. — Imprimerie d'A.-T. BRETON et Comp.,
131, rue Montmartre.

LA VIE ET LA MORT

DU

DUC D'ORLÉANS,

PRINCE ROYAL,

Par Th. M...

Quand l'homme vertueux n'a plus rien de mortel,
Pour la patrie en deuil sa tombe est un autel.

C. DELAVIGNE.

PARIS.

Chez Mlle D. EYMERY, 15, quai Voltaire,
Et chez FARGUES, rue de Grammont, 14.

1842

LA VIE ET LA MORT

DU

DUC D'ORLÉANS

PRINCE ROYAL.

—◦◦◦—

Dans un petit hameau tout proche de Saint-Aubin, un vieillard, ancien militaire, s'est retiré depuis dix ans.

Vivant seul, parce qu'il a perdu successivement une femme et des enfants qu'il chérissait, il aime les hommes et il les plaint, une longue expérience lui ayant appris qu'il n'y en a pas de si coupable qui ne puisse être puni, pas de si vertueux qui ne puisse être atteint par le malheur, pas de si haut placé qui ne

puisse être couché sous l'herbe par le vent de la destruc-
tion ; aussi cherche-t-il à se rendre utile à ceux qui
l'entourent, soit en passant une partie de son temps
à instruire quelques jeunes garçons que l'enseignement des écoles a trouvés rebelles, soit en allant consoler quelque vieux paysan souffrant ou malheureux
qui le précèdera dans la tombe, car il n'y a pas d'é-
glise ni de pasteur dans ce hameau, et le curé du village voisin, courbé par les infirmités, ne vient visiter les habitants de L.... que lorsque Dieu est prêt de
rappeler à lui un des leurs.

Ainsi s'écoule la vie de l'ancien soldat. Et, comme
jamais il ne parle de son passé, la seule chose qu'on
sache de lui, c'est qu'il est bon, serviable, sensible
aux maux d'autrui, et c'est assez pour que tout le
monde l'aime et ne parle qu'avec respect du capitaine
Humbert. Parti pour Paris le 12 juillet, il en revenait
le 13 au soir assez tard, lorsque sa vieille servante
s'en alla dire dans le voisinage que son maître arrivait à l'instant de Paris où il était allé pour toucher
son semestre, mais que pour cette fois il avait l'air si
triste, si défait, si désespéré, qu'à coup sûr il fallait
qu'il lui soit arrivé un grand malheur.

Les anciens de l'endroit tinrent conseil et se résu-
mèrent en disant que la seule chose impardonnable
c'est l'ingratitude ou l'indifférence vis-à-vis ceux qui

ont mérité de nous d'autres sentiments, et qu'il fallait de suite aller savoir ce que pouvait avoir le capitaine. Touché de cette marque d'attachement, celui-ci les remercia.

Mes chers camarades, leur dit-il, vous ignorez encore quel coup vient de frapper notre pays, et vous croyez peut-être que je pleure sur moi, sur quelque chose qui m'est personnel. — Plût à Dieu qu'il en fût ainsi, car depuis qu'il m'a repris ma femme, mes enfants, je n'ai plus rien a perdre qu'un vieux reste de jours que j'aurais donné volontiers pour racheter une vie plus belle, plus utile.

Le prince royal est mort! — A ces paroles, les vieillards levèrent presque spontanément les mains au ciel, et l'on n'entendit plus pendant quelques minutes que des exclamations de douleur, de surprise, de regret, avec ces mots entrecoupés : — Si jeune! si brave! pauvre prince! Et vous ajouterez : Pauvre France! interrompit le capitaine, quand je vous aurai dit tout ce que je sais de celui dont je pleure la mort, tout ce que j'ai recueilli de sa vie privée, appris à son sujet, et vu par mes yeux à certaines époques, car je m'occupe depuis un an à faire une histoire de sa jeunesse, afin de la mettre dans les mains de nos enfants, et de leur apprendre à aimer celui qui semblait destiné à régner sur nous, et que le ciel vient de nous reprendre d'une façon si cruelle, si inattendue ! — Voudrez-vous que je vous la lise cette histoire ? la voix publique vous apprendra bientôt que je n'ai rien exagéré dans les éloges que je donne à Ferdinand-Philippe d'Orléans, et qu'il était aussi digne d'estime et d'affection que digne de tous nos regrets !

Les vieillards acceptèrent pour eux et pour les leurs l'offre du capitaine Humbert, ensuite ils s'en allèrent la tête basse, l'œil morne, le cœur serré, repassant dans leur souvenir tant de jeunes et belles existences auxquelles ils avaient survécu !

Au bout d'une heure tout le monde savait l'affreux événement de la veille, et tout le monde se proposait d'aller entendre le récit du vieux soldat.

Aussi, le lendemain, lorsque l'heure fut venue et les travaux des champs finis, hommes et femmes, enfants et vieillards se réunirent sur un tertre qui domine les pays voisins, et là le narrateur commença son récit au milieu du silence le plus profond.

> Donnez, donnez à l'indigence,
> Et le bon Dieu vous bénira.

A Palerme, en 1809, une union fut célébrée. L'épouse était la fille de Ferdinand, roi des Deux-Siciles, l'époux, un exilé placé par sa naissance près du trône de notre pays.

Les jours se passèrent et le mois de septembre de l'année suivante vint apporter à la jeune femme le complément de son bonheur, à son mari une nouvelle consolation ; un fils leur était né, qu'on appela Ferdinand, comme son aïeul, et Philippe, comme son père.

Nourri par une mère tendre et pieuse, élève d'un père honnête homme qui, lui-même, devait son enseignement aux rudes leçons de l'adversité, le jeune Ferdinand sentit de bonne heure son âme s'émouvoir aux souffrances de l'humanité ; rien de ce qui est bien ne lui fut étranger, et, tout enfant encore, son cœur battait à la pensée de la France, dont jamais il n'avait entendu parler qu'avec amour.

1814 arrive ; l'exilé revit son pays. Française par ses sentiments et par son alliance, bonne et charitable par sa nature, religieuse par conviction, sa femme ne s'occupa plus qu'à rechercher toutes les misères pour les soulager, toutes les douleurs pour les consoler, et le temps accrut non-seulement la famille qui sortait de son sein et qu'elle nourissait de son lait, mais il augmenta celle dont elle était mère par la charité.

Fier de devoir le jour à une telle femme, heureux de se sentir aimé de tant d'êtres si chers, que la Providence avait placés près de lui, Ferdinand sentit néanmoins que dans la sphère élevée où Dieu l'avait mis, on exigerait de lui d'autres vertus que celles de la famille.

Ce fut alors que lui vint le goût de l'étude, qu'il se livra à celle de l'histoire, et de préférence à toutes les connaissances qui peuvent former un jugement sain, et graver dans le cœur les devoirs que la société impose aux supérieurs envers leurs inférieurs, aux riches envers les pauvres, aux forts et aux puissants envers les faibles et les opprimés.

Sur les bancs du collége d'Henri IV, où son père l'avait envoyé, il fut plusieurs années le camarade bien-aimé, l'émule studieux d'une portion de la jeunesse d'alors.

C'est à ce collége que le jeune prince remporta des prix qui ne furent accordés qu'à ses efforts, puisque deux années se passèrent sans que ses laborieuses études lui eussent fait décerner les modestes couronnes qu'il ambitionnait, et qu'il n'obtint qu'en 1824 et 1825.

Pendant ces années-là et celles qui suivirent, une révolution se préparait; une autre couronne, plus lourde que celle de Ferdinand, échut à Louis-Philippe son père, et vint lui ravir le repos que peut-être il eût préféré au trône, si la tranquillité, le bonheur du pays, et sans doute un grain d'orgueil paternel, n'eussent parlé plus haut dans son âme que la considération de son bonheur privé.

Devenu prince royal, le duc d'Orléans éprouva plus que jamais l'impérieux besoin de se faire aimer, honorer, par une manière d'être qui pût faire taire l'envie, désarmer la haîne et rallier tous les partis ; cela lui était facile : Doué par le ciel de l'extérieur le plus aimable, rempli de bienveillance, de générosité, de bravoure et d'humanité, il devait attirer tous les cœurs à lui, et c'est ce qui lui arriva vis-à-vis de l'armée, car, dès sa première campagne, il conquit l'affection du soldat.

Pour moi — je dois vous le dire — depuis la chute de l'Empire, j'étais resté avec des préventions que la Restauration n'était pas faite pour m'enlever, et c'est avec un bien profond regret que je vis la tournure que prenaient les choses après les journées de juillet.

Aussi, j'étais assez maussade le 4 aout 1830, lorsque, faisant partie des spectateurs qui s'étaient rendus à la barrière du Trône, j'y fus témoin de l'entrée du jeune duc, qui arrivait à la tête du 1er régiment de hussards, dont il était le colonel ; mais lorsque je l'eus bien suivi, bien examiné, l'orsque je vis de quel air de franchise il disait à d'anciens camarades de collége et à leurs professeurs qui l'entouraient : — « Jamais je n'oublierai ni l'amitié que veulent bien me conserver mes camarades, ni la reconnaissance que je dois à mes anciens maîtres, » — je me sentis ému, et je pensai qu'il ne pouvait y avoir ni calcul, ni fausseté, ni préparation à ces élans du cœur, si bien d'accord avec un extérieur plein de bienveillance et de dignité.

Marchant lentement, à cause de la foule, le prince finit par arriver devant une maison du faubourg Saint-Antoine, qui était criblée de balles, alors il s'arrêta pour la mieux voir, et comme les habitants de cette maison en garnissaient les fenêtres et les toits, tous fiers des cicatrices empreintes sur leur humble demeure, le jeune colonel, en les voyant, s'inclina respectueusement devant eux : honneur aux braves assis sur la brèche, dit-il à demi voix. Ceux qui l'entouraient l'entendirent, et dès-lors l'enthousiasme ne connut plus de bornes, on ne se contenta plus de toucher le cheval, les habits du prince, on lui donna la main, on l'embrassa à plusieurs reprises comme on eût fait d'un frère, et moi qui étais tout proche de lui, je vis des larmes humecter ses yeux.

Ces larmes-là lui gagnèrent mon cœur, et comme j'avais partout d'anciens compagnons d'armes, dès que je savais que le Prince Royal se rendait quelque part, j'y allais ; c'est ainsi que le 24 septembre, je pus le voir à la maison de convalescence qu'on avait établie à Saint-Cloud pour les blessés de juillet. Lorsqu'il y arriva le prince alla dans les chambres de ceux des blessés qui étaient trop souffrants pour descendre, il causa avec eux, les loua, les encouragea, goûta leur soupe, et s'informa de la position de fortune des plus misérables, et dont le nom resta dans son souvenir — Après cela il descendit, et passa une espèce de revue dans les cours. — Alors un amputé nommé Grenier sortit des rangs et dit au prince :

« Mon père servait dans les premières guerres de la révolution. A Tirlemont une batterie le renversa, il allait périr, quand le duc de Chartes qui règne aujourd'hui descendit de cheval et l'enleva lui-même. Mon père lui doit la vie, et c'est pourquoi je me suis battu quarante ans plus tard pour lui. Je suis heureux d'avoir payé la dette de mon père !

— Nous en avons contracté une autre, lui répondit le prince tout attendri, le roi ni moi, nous ne l'oublierons pas !

Au mois de novembre de la même année, le duc d'Orléans, se dirigeant vers Lyon, passa par la ville qui porte son nom, et l'enthousiasme des Orléanais fut tel à la vue d'un jeune prince si bon et si affable, que tous ceux qui faisaient alors partie de la garde nationale à cheval voulurent l'accompagner jusqu'à la première ville.

A Nevers, il se fit conduire dans les usines de Fourchambault ; là, causant longuement avec M. Dufaur, qui en était le directeur, il l'étonna par les diverses observations qu'il lui fit, et qui prouvèrent jusqu'à l'évidence une grande sagacité, une intelligence rare et des connaissances en physique et en mécanique que ne possèdent pas toujours les hommes réputés les plus habiles dans ces parties. Là comme partout, le jeune prince laissa avec des traces de sa munificence le souvenir le plus durable, — celui d'une parfaite bonté.

A Clermont, passant la revue de la garde nationale, il apprend que M. Fati, porte-drapeau de la légion, est le même qui à Fontainebleau portait celui que Napoléon embrassa. Monsieur, dit-il d'une voix émue, ce drapeau qui est aujourd'hui dans vos mains est bien porté par vous : il sera bien défendu par vos camarades.

A Saint-Étienne, un incident s'élève. Lors de la réception des autorités, le clergé, comme une grande partie de celui placé sous les ordres de M. de Pens, administrateur du diocèse de Lyon, avait constamment refusé de chanter le *Domine salvum fac regem*.

Cependant, ces Messieurs ont cru devoir se présenter pour rendre hommage au prince, et M. Scipion Mourgue, préfet de la Loire, vint prendre les ordres du duc d'Orléans sur ce sujet.

— Je sais malheureusement, lui répondit le prince, que ces Messieurs jusqu'à présent ont refusé de prier pour mon père.

— Comme citoyen, je ne dois pas recevoir ceux qui refusent d'invoquer Dieu pour le roi, — comme fils, je ne puis faire accueil à ceux qui ne veulent pas prier pour mon père.

Au reste, cette réponse pleine de convenance fut transmise au clergé, et de suite, M. le curé Desheures fit répondre qu'ils prieraient désormais, qu'ils en avaient reçu l'autorisation.

— Eh bien, à demain donc, dit le jeune prince, je les recevrai quand ils auront prié.

L'accueil que lui firent les habitants de Lyon fut tel que jamais il ne l'oublia, et plus tard, quand des troubles à jamais déplorables éclatèrent dans cette ville, le duc d'Orléans s'y rendit afin de pacifier les esprits.

L'année d'ensuite, il partit pour Anvers. Par suite d'un traité fait entre la France, l'Angleterre et la Hollande, en date du 15 novembre 1831, le roi des

Belges devait être mis en possession de la citadelle d'Anvers, ainsi que des forts qui en dépendent sur les deux rives de l'Escaut. Sommé de rendre la place au maréchal Gérard, commandant en chef de l'armée française, le général Chassé, qui commandait la citadelle, s'y refusa, en sorte que nous ouvrîmes une tranchée devant cette place dans la nuit du 29 au 30 novembre 1832.

Pendant cette nuit, le prince royal fit avec le maréchal et le général Haro, une tournée qui dura jusqu'à trois heures, et lorsque le matin fut venu, lui-même parcourut les rangs, surveillant la distribution du pain qu'on faisait à la troupe, visitant les travaux, assurant les réserves et le service des ambulances : plusieurs fois il fut couvert de terre par les obus qui s'enfonçaient autour de lui ; et dans l'action un boulet passa à ses côtés sans qu'il parût y faire la moindre attention. Enfin, le titre de commandant de la tranchée, qui lui avait été donné, n'eût pu tomber à un plus intrépide qu'à ce jeune homme, qui se trouvait à la prise d'un fort pour la première fois.

Aimé de nos vieux généraux pour sa modestie, et de nos soldats pour sa bonté, le prince royal, qui dans l'intervalle avait été affronter le choléra dans les hôpitaux de Paris, se retrouva au milieu de l'armée au mois de novembre 1835.

Ce fut le 19 de ce mois que notre armée se mit en marche pour Oran, ayant à sa tête le duc d'Orléans et le maréchal Clauzel; à peu de distance elle rencontra celle d'Abd-el-Kader, et les combats de Yhasouf et de l'Habrah mirent en relief la bravoure de nos troupes ainsi que le sang-froid et l'intrépidité du prince, qui, marchant en avant avec le maréchal, et seulement précédé d'une faible escorte de tirailleurs, se trouva tout d'un coup face à face avec une masse considérable de cavaliers arabes.

Dans cette même journée, et après quelques engagements des plus sérieux, pendant lesquels le duc d'Orléans se fit remarquer au premier rang, où, mêlé avec nos soldats, il fut atteint d'une balle un peu au-dessous du genou gauche. D'abord il en souffrit beaucoup, mais faisant taire la douleur qu'il éprouvait, il remonta à cheval et se mit en chemin pour Mostaganem. On était arrivé au 10 décembre, une pluie abondante mêlée de grêlons accompagna le prince et l'armée pendant qu'ils gravissaient péniblement la cime des hautes montagnes situées entre Mostaganem et Mascara.

Sensible aux maux de ceux qui l'entouraient, le prince prodiguait à ceux dont le moral était affecté des promesses qu'il ne devait pas oublier; de sa bourse toujours ouverte il récompensait les bonnes actions et secourait les malheureux, si bien, qu'encouragés par son exemple, nos soldats, glissant dans la boue, pliant sous le faix, se montrèrent presque tous, malgré cette route fatigante, gais, braves et compatissants.

De retour à Paris, le prince royal se reposa de ses fatigues dans les bras d'une famille bien-aimée, et lorsqu'on le vit revenir de cette expédition, où il avait risqué sa vie sur un sol si funeste et si lointain, et sous les balles ennemies, il n'y eut pas un cœur français qui ne sentît que les jours de ce jeune prince devenaient de plus en plus chers à la patrie.

Au reste, elle avait bien raison d'en être fière et de l'aimer, car ses moindres actions étaient marquées d'une empreinte de grandeur et de générosité qui accusait la noblesse de son âme. Jamais le mérite modeste ne passa devant lui sans qu'il l'aperçût; jamais un savant, un écrivain, un artiste, n'eut à se plaindre de la fortune sans que le prince royal ne cherchât à le dédommager de l'injustice du sort ou de celle des hommes.

Ainsi, tantôt il achetait à prix d'or quelqu'œuvre dédaignée du vulgaire et que son goût intelligent et sûr avait compris, et tantôt il usait de son influence pour procurer une place honorable à l'homme de cœur et de mérite qui aurait cru s'abaisser en demandant ce qui lui est dû.

Le mariage du duc d'Orléans avec la princesse Hélène lui fut une nouvelle occasion de répandre des bienfaits auxquels une foule de gens tous estimables, tous laborieux, durent leur avenir. 150,000 fr. furent donnés par lui pour fonder des bourses qui devaient être accordées aux sous-officiers de l'armée que leurs examens feraient déclarer admissibles à l'école royale de Saint-Cyr. 10,000 fr. furent envoyés au préfet de la Corse pour l'encouragement de l'agriculture et spécialement pour la culture du mûrier.

Il fit donner des livrets de caisse d'épargne avec une première mise de fonds à beaucoup d'enfants d'ouvriers dans les premières villes de France, et notamment à ceux qui se distingueraient dans les écoles fréquentées par eux. Puis, Lyon, Marseille, Nantes, Bordeaux, Rouen, Lille, Toulouse, Orléans, Nismes, Saint-Etienne, Reims et tant d'autres, en eurent leur part. 50,000 fr. furent destinés à procurer du travail aux ouvriers de Lyon dans les parties les plus souffrantes ; enfin, le prince dont nous déplorons la perte savait donner avec discernement et avec grâce, et l'on peut dire aussi, à sa louange, ces mots qui semblent faits pour lui, qu'il avait la mémoire du cœur.

Jusque-là il avait aidé seul les misérables, les

affligés et une foule de pauvres honteux, dont on venait lui dire les besoins; une fois marié à la princesse Hélène, les aumômes se doublèrent : car, si sa femme lui ressemblait par une rare instruction, un esprit distingué, elle ne lui ressemblait pas moins par la bonté, la générosité, et par les plus éminentes qualités du cœur. Ainsi, les salles d'asile, les sœurs de charité maternelle, les maisons d'orphelins, les hôpitaux, les maisons de jeunes détenus et tant d'autres, eurent part à cette pluie bienfaisante qui leur disait la sollicitude de ce jeune ménage pour les misères du pays. A cette époque, le prince fit choisir dans chacun des quatre colléges communaux de la Corse un jeune garçon de 17 à 18 ans, voulant se destiner à l'agriculture, et il les plaça dans une école préparatoire, en se chargeant de tous les frais que nécessiterait leur éducation.

Il se chargea aussi de payer des bourses pour plusieurs orphelins de gardes nationaux tués dans l'exercice de leurs fonctions.

L'année 1838 était plus qu'à demi écoulée lorsque le duc d'Orléans devint père, par la naissance de Louis-Philippe-Albert d'Orléans, comte de Paris. Alors ce fut une nouvelle distribution d'aumônes et de grâces; au nom de son fils nouveau-né, le prince envoya ses dons aux sociétés de prévoyance des pauvres ouvriers de Lyon, de Bordeaux, de Nîmes ; aux jeunes détenus de Mons ; aux sociétés de secours mutuels ; enfin, rien ne fut oublié, toutes les infortunes eurent leur part.

Pour la jeune duchesse, elle voulut qu'on donnât à tous les enfants nés à Paris le même jour que son fils, un livret de la caisse d'épargne et cent francs.

12,000 fr. furent envoyés par elle aux sociétés de charité maternelle ; une autre somme fut allouée à l'établissement des pauvres orphelins fondé par feu Mme de Kercado. L'ouvroir de Saint-Roch eut 500 fr.; l'établissement succursal des sourdes-muettes, 500 fr.; la pension des jeunes filles pauvres, protestantes, 500 fr.

Enfin, pour clore dignement cette nomenclature si longue et dans laquelle pourtant j'ai dû omettre les trois quarts du bien qui fut fait par le duc d'Orléans, je vous dirai qu'il donna encore 150,000 fr. afin de créer de nouvelles bourses à Saint-Cyr, ainsi qu'il l'avait fait au moment de son mariage.

N'allez pas croire, à cause de ce que je vous dit, que les effets d'une générosité vraiment royale se soient arrêtés là, — non ; — car pour le duc d'Orléans, donner c'était vivre, c'était jouir des prérogatives d'une position à la hauteur de laquelle le ciel l'avait fait, et jamais il ne fit une tournée dans les départements, jamais il n'alla visiter le camp de Saint-Omer , où plusieurs fois il se rendit, pour passer la revue des troupes réunies sur ce point, sans que les vœux et les prières de la multitude ne le suivissent, et sans que le regret de son départ ne vînt serrer les cœurs.

En août 1839, le duc et la duchesse partirent pour les provinces du Midi, et dans chaque ville où ils s'arrêtèrent, dans chaque village qu'ils traversèrent, les bénédictions du pauvre et de l'orphelin les accompagnèrent, et de malheureux pétitionnaires virent leurs prières exaucées et leurs maux adoucis. Ce fut à la suite de ce voyage que le prince se sépara de la duchesse et partit de Portvendre pour Oran, le 20 septembre.

Arrivé à Alger le 27 du même mois, il tenta avec notre armée le passage des Portes-de-Fer, autrement dit le défilé des Bibans , route terrible, l'effroi des Turcs, qui va d'Alger à Constantine, entre deux énormes rochers de calcaire noir ; s'élevant à plus de cent pieds au-dessus du sol et se rattachant à des montagnes inaccessibles .

Au milieu de cette chaîne, dans cet étroit ravin, un ruisseau d'eau salée s'écoule, et, lorsque viennent les pluies, les eaux qui arrivent de la source font de

ce ruisseau un torrent qui souvent monte à trente
pieds de haut.

Vous comprenez sans peine quelle influence eut
sur les indigènes de ce pays une telle entreprise me-
née à bien. Cependant, une insurrection rend les
Arabes maîtres de la Mitidja; ils portent le fer et le
feu jusque sous les murailles d'Alger. Notre jeune duc
d'Orléans était alors reparti pour Paris, mais, dès les
premiers bruits de guerre, il joignit le port de Tou-
lon avec son frère le duc d'Aumale; tous deux passèrent en Afrique,

Le 17 avril, les princes partent d'Alger pour se
rendre à Bouffarick. Le 29, l'armée dont le duc d'Orléans commandait une division, attaqua les Arabes ;
une position fut enlevée à la baïonnette et l'on pour-
suivit les fuyards jusqu'à la nuit; pourtant les ducs
d'Orléans et d'Aumale ne furent blessés ni l'un ni
l'autre, bien qu'ils eussent marché constamment à la
tête des troupes.

Après cette affaire, une autre allait venir qui devait être plus meurtrière. Dans l'un des plus terribles
défilés qu'il y ait sous le ciel, et qu'on nomme le col
du Théniah, Abd-el-Kader s'était retiré avec des
troupes et du canon. Exécutant les plans du maréchal,
le prince royal chargea, l'épée à la main, à la tête de

sa division, et enleva la position dans laquelle l'ennemi s'était retranché. Pour le duc d'Aumale , s'il dut laisser, dans cette journée, les honneurs de la victoire à son frère aîné, il put entendre faire autour de lui l'éloge de sa propre bravoure et de son humanité, car il était entré dans une redoute à la tête des grenadiers du 23me, et les soldats se disaient l'un à l'autre qu'il avait donné son cheval à un officier mourant de fatigue.

Ainsi, l'armée d'Afrique avait vu tour à tour combattre sous ses yeux trois princes de la maison d'Orléans, M. le duc de Nemours ayant prouvé dans la première expédition de Constantine qu'il n'était pas moins brave et moins humain que ne l'étaient ses frères.

Une fois revenu en France, le prince royal reprit le cours de sa vie habituelle ; il ne se fit pas une seule souscription au nom de la vertu ou du malheur sans qu'il y prît part, sans qu'il y joignît son offrande. Et puis, combien fit-il de bonnes œuvres que Dieu seul a connues, et dont il lui tiendra compte là-haut ! Combien de fois alla-t-il dans l'ombre et le secret au-devant d'infortunes cachées ?

N'avons-nous pas su que deux jours avant que le second de ses fils vînt au monde, le prince royal s'en vint à Notre-Dame-de-Lorette, guidé par une pensée pieuse, et que là il vida sa bourse, en recommandant de donner tout ce qu'elle contenait au plus pauvre des pauvres enfants que l'on viendrait baptiser dans la journée. Une autre fois, un de nos peintres les plus distingués n'a-t-il pas été obligé de donner au duc d'Orléans l'adresse d'une malheureuse mère dont il avait peint le dénûment, et qui, le jour même où elle était accouchée, avait vu conduire à l'hospice son mari atteint d'aliénation !

Ce fut dans une circonstance de cette nature que notre admirable poète Victor Hugo lui adressa des vers que je veux vous dire, et que vous comprendrez, mes amis ; car ce qui vient du cœur est intelligible pour tout être sensible, et l'on n'a pas besoin d'un grand fond d'instruction pour se sentir ému d'une chose de sentiment.

> Prince, vous avez fait une sainte action,
> Loin de la haute sphère où rit l'ambition,
> Un père et ses enfants, cheveux blancs, têtes blondes,
> Marchaient enveloppés de ténèbres profondes,
> Prêts à se perdre au fond d'un gouffre de douleurs,
> Le père dans le crime et les enfants ailleurs,
>
> Comme des voyageurs lorsque la nuit les gagne
> Vont s'appelant l'un l'autre aux flancs de la montagne,

Au penchant de l'abîme et rampant à genoux,
Ils ont crié vers moi, moi j'ai crié vers vous.
Je vous ai dit : voici tout près du précipice
Des malheureux perdus dont le pied tremble et glisse.
Oh ! venez à leur aide et tendez-leur la main !...
Vous vous êtes penché sur le bord du chemin ;
Sans demander leurs noms, vos mains se sont tendues,
Et vous avez sauvé ces âmes éperdues.
Puis à moi, qui, de joie et de pitié saisi,
Vous contemplais rêveur, vous avez dit merci !

C'est bien , c'est noble et grand : sous la tente empressée
Que vos mains sur leurs fronts à la hâte ont dressée ,
Ils sont là maintenant, recueillant leur espoir ,
Leur force et leur courage, et tâchant d'entrevoir,
Grâce à votre rayon qui perce leurs nuages,
Quelqu'horizon moins sombre à leur triste voyage.
Groupe encor frissonnant à sa perte échappée
Pareil au pauvre oiseau par l'orage trempé,
Qui s'abritant d'un chêne aux branches éternelles,
Attend pour repartir qu'il ait séché ses ailes !

Jeune homme au cœur royal soyez toujours ainsi,
La porte qui fait dire au pauvre : c'est ici !
La main toujours tendue au bord de cet abîme
Où tombe le malheur, d'où remonte le crime !
La clef sainte qu'on trouve au besoin sans flambeau,
Qui rouvre l'espérance et ferme le tombeau !

Soyez l'abri, le toit, le port, l'appui, l'asile !

Faites au prisonnier qu'on frappe et qu'on exile
A cette jeune fille, hélas brisée enfin,
Que marchandent dans l'ombre et le froid et la faim,
Un vieillard qui des jours vide la lie amère,
Aux enfants grelottant qui n'ont ni pain ni mère,
Faites aux malheureux sans cesse, nuit et jour
Verser sur vos deux mains bien des larmes d'amour,
Car Dieu fait quelquefois sous ces saintes rosées
Regermer des fleurons aux couronnes rasées.

Comme la nue altière, en son sublime essor
Se laisse dérober son fluide trésor,
Par ces flèches de fer au ciel toujours dressées,
Heureux le prince empli de pieuses pensées
Qui sent du haut des cieux sombres et flamboyants
Tout son or s'en aller aux mains des suppliants!

Hélas! mes chers amis, la prophétie du poète s'est accomplie! — Cet arbre aux branches éternelles dont il partait vient d'être brisé pour jamais. — Les malheureux ne viendront plus s'abriter sous son ombre, et le fleuron que Dieu a fait germer sous la rosée bénie est aujourd'hui couvert d'un crêpe funèbre!

En cet endroit de son récit le capitaine s'arrêta, mais nulle parole ne lui fut adressée, et ce fut au milieu d'un religieux silence qu'il continua sa triste narration.

Non, jamais le prince royal n'a passé près de la misère sans s'arrêter. Jamais les larmes du malheur n'ont trouvé son âme insensible, et jamais on n'en finirait si l'on se mettait à la recherche de ses bonnes actions. Ainsi, lorsqu'il sut qu'un homme honorable, un historien célèbre et consciencieux allait vivre loin de Paris à cause de son manque de fortune, le prince l'alla trouver et lui offrit la place de bibliothécaire au Palais-Royal, avec des appointements convenables. — Mais, répliqua celui auquel il s'adressait, vous me demandez d'être votre bibliothécaire et vous n'avez pas de livres, Monseigneur. — Vous m'en ferez, lui dit le prince, j'ai compté sur vous pour cela.

Une autre fois, qu'en Angleterre, le duc d'Orléans se rendait à une course, un de ses postillons se cassa la jambe en tombant, et malgré toutes les instances qu'on put lui faire, il ne voulut s'éloigner de cet homme que lorsqu'il eut été pansé par un chirurgien, puis, il lui envoya cent louis, par le comte Abermale, qui n'a pas gardé le secret sur cette aventure.

Ne vous a-t-on pas dit non plus les paroles toutes pleines de bonté qu'il laissa échapper à la suite d'un de ces affreux attentats que nous maudissons?

— Ah ! quel malheur, dit-il, que l'un de nous n'ait pas été atteint, nous pourrions demander leur grâce !

— Et c'est ce prince si bon ! si modeste! si bienfai-

.nt que nous avons perdu, dit le capitaine avec soupir.

Prêt à partir pour Saint-Omer, il se dirigeait vers Neuilly afin d'aller encore une fois avant son départ embrasser son père, sa mère, et toute une famille chérie, lorsqu'arrivé en face du bois de Boulogne ses chevaux se sont emportés, et comme il s'était levé pour mieux voir ce qui se passait, une violente secousse le jeta hors de la voiture, sur le pavé, d'où on l'a relevé mourant, le crâne brisé, et tout couvert de sang.

Ainsi a fini Ferdinand-Philippe d'Orléans, prince royal! qui vous aurait aimés, secourus, protégés; celui qu'une saine éducation et les inspirations d'un cœur chaleureux, auraient rendu le défenseur le plus ardent des libertés et de la gloire de notre patrie!

Et quel fin, mon Dieu! ajouta encore le capitaine, en essuyant du revers de sa main les larmes qui coulaient sur son mâle visage.

Tout le monde pleurait autour du narrateur. — Mais, qui l'a ramassé, ce malheureux prince, demanda une voix tremblante d'émotion?

— On m'a dit que ce sont des soldats et des ouvriers qui travaillaient proche de là. A gauche, et du côté de la chaussée où sa tête s'est brisée sur le pavé, sont les écuries de lord Seymour; plus loin, sur la droite du chemin, se trouvent quelques pauvres auberges, avec une boutique d'épiceries qui porte le nº 6. —Ceux qui relevèrent le mourant se tournèrent tout naturellement vers l'endroit le plus rapproché, afin de l'y aller déposer, mais une réflexion leur vint qui les fit changer de résolution, et qui leur fit porter le corps du fils de notre Roi dans la boutique dont je vous ai parlé : Sans s'être dit un mot, tous avaient senti à la fois que c'était là de préférence que devait s'exhaler le dernier soupir du Prince royal !

Son agonie avait commencé à midi, et la maison dans laquelle on l'avait déposé vit arriver successivement le Roi, la Reine, la princesse Clémentine, la duchesse de Nemours, Mme Adélaïde, le duc d'Aumale et plusieurs officiers de la maison royale. Le prince, tout couvert de leurs larmes, parut comprendre leur douleur, et ses yeux s'emplirent de pleurs; mais il ne put parler, et il resta immobile et muet sous ces caresses dernières et désespérées qu'on lui prodiguait.

Chaque minute avait empiré le mal. Le prince n'avait pas repris connaissance un seul instant, et quelques mots confus, prononcés en langue allemande, furent les seuls qui sortirent de ses lèvres contractées par la douleur. Enfin le moment solennel arriva où le duc d'Orléans rendit son âme à Dieu, béni par la religion et par son père, qui mêlait ses sanglots à ceux d'une mère et d'une famille au désespoir, dont cette mort empoisonnera la vie ! — Il était alors 3 heures 45 minutes.

Je venais d'arriver et d'entendre ce fatal récit, lorsque la porte de la maison s'ouvrit et laissa passer une civière portée par des soldats ; elle était entourée de longues draperies blanches qui dérobaient à nos regards le corps de l'infortuné prince royal, devant lequel tout le monde se découvrit ou s'agenouilla.

Oh ! mes enfants, demandez à vos mères, continua le capitaine, demandez-leur si ce n'est pas une bien poignante et bien affreuse douleur que celle qui vient de frapper le père et la mère du malheureux duc d'Orléans! — Demandez-leur si le tableau de ce père et de cette mère suivant à pas lents le corps sanglant de leur premier-né , se soutenant l'un l'autre, et mêlant leurs soupirs et leur désolation durant un long et pénible trajet, n'est pas fait pour toucher le plus insensible !

Hélas! mon Dieu! n'était-ce pas assez pour cor- rompre toutes leurs joies en ce monde que le souvenir toujours saignant de cette jeune et charmante fille que le ciel leur a repris !

Donnez donc un soupir, une larme sincère à celui qui n'est plus, et qui dans peu va passer sur cette route que vous voyez là- bas pour aller rejoindre sa sœur au tombeau !...

En disant cela, le capitaine étendit sa main muti - lée vers le côté de l'horizon où l'on voyait se dérouler la grande route qui conduit à Dreux.

En écoutant cette triste et simple allocution, des pleurs coulèrent de tous les yeux !

— Et sa jeune femme ! et ses enfants ! et son père ! sa pauvre mère ! disaient les uns. Et ses frères, ses sœurs qui l'aimaient tant ! disaient les autres. Ah ! nous ne l'oublierons jamais, ce prince bon et malheureux, et chaque jour nous prierons Dieu pour lui, — et pour les affligés !!!